Merci à Constance et Anne de Margerie,
Josette Grandazzi et Joëlle Leblond

49, rue Étienne - Marcel, 75001 Paris

ISBN : 2 - 7118 - 5018 - 8
JA 10 5018

Caroline Desnoëttes

Le musée des Animaux

à Lily, Philip, Ronan et Solenn

Réunion
des Musées
Nationaux

Je vis dans l'air

Je vis sur terre

Je vis dans l'eau

Mon livre est la nature...

Je vois les animaux, j'y trouve le modèle
Des vertus que je dois chérir.

La colombe m'apprit à devenir fidèle ;
En voyant la fourmi, j'amassai pour jouir ;
Mes bœufs m'enseignent la constance,
Mes brebis la douceur, mes chiens la vigilance...

J'observe et je suis la nature,
C'est mon secret pour être heureux.

Florian
Extrait de la fable
Le savant et le fermier

L'Âne

▲ **Jean-Jacques de Boissieu (1736-1810)**
Marché d'animaux
Huile sur toile, 73 cm x 53 cm
Lyon, Musée des Beaux-Arts

Le Bouc

▲ **Philipp Peter Roos (1655/57-1706)**
Berger et son troupeau
Huile sur toile, 48,5 cm x 65,5 cm
Rouen, Musée des Beaux-Arts

Le Bourdon

▲ **Roelandt Savery (1756-1639)**
Bouquet de fleurs
Huile sur bois, 26,6 cm x 18,4 cm
Lille, Musée des Beaux-Arts

Les Brebis

▲ **Karel Dujardin (1622-1678)**
Le pâturage. Chevaux, vaches et brebis dans un pré
Huile sur toile, 51 cm x 46 cm
Paris, Musée du Louvre

Les Canards

▲ **Pierre Bonnard (1867-1947)**
En barque
Huile sur toile, 301 cm x 278 cm
Paris, Musée d'Orsay

Le Chat

▲ **Antoine ou Louis Le Nain (1600/10-1648)**
Portraits dans un intérieur
Huile sur toile, 28 cm x 38 cm
Paris, Musée du Louvre

Le Cheval

▲ **Jan II Brueghel** dit **le Jeune (1601-1678)**
L'embarquement des animaux dans l'arche de Noé
Huile sur bois, 61 cm x 92 cm
Orléans, Musée des Beaux-Arts

Le Chien

▲ **Guido Reni** dit **le Guide (1573-1642)**
L'Enlèvement d'Hélène
Huile sur toile, 253 cm x 265 cm
Paris, Musée du Louvre

Le Cochon d'Inde

▲ **François Desportes (1661-1743)**
Nature morte à l'aiguière
Huile sur toile, 84 cm x 138 cm
Paris, Musée du Louvre

La Colombe

▲ **Pablo Picasso (1881-1973)**
L'enfant aux colombes
Huile sur toile, 162 cm x 130 cm
Paris, Musée Picasso

Le Coq

▲ **Gabriel Metsu (1629-1667)**
Marché aux herbes d'Amsterdam
Huile sur toile, 97 cm x 84 cm
Paris, Musée du Louvre

Le Crabe

▲ **Paolo Porpora (1617-1670/80)**
Tortue et crabe
Huile sur toile, 40 cm x 50 cm
Nancy, Musée des Beaux-Arts

La Crevette

▲ **Jan Davidsz de Heem (1606-1684)**
Nature morte au citron pelé
Huile sur toile, 59 cm x 42 cm
Paris, Musée du Louvre

Les Dindons

▲ **Constant Troyon (1810-1865)**
La gardeuse de dindons
Huile sur toile, 33 cm x 25 cm
Paris, Musée du Louvre

Le Dromadaire

▲ **Alexandre Gabriel Decamps (1803-1860)**
La caravane
Huile sur toile, 100 cm x 60 cm
Paris, Musée du Louvre

L'Escargot

▲ **Abraham Mignon (1639-1679)**
Fleurs, oiseaux, insectes et reptiles
Huile sur toile, 48 cm x 42 cm
Paris, Musée du Louvre

Le Faucon

▲ **Philippe de Champaigne (1602-1674)**
Enfant au faucon
Huile sur toile, 123 cm x 89 cm
Paris, Musée du Louvre

Les Homards

▲ **Eugène Delacroix (1798-1863)**
Nature morte aux homards
Huile sur toile, 80 cm x 106 cm
Paris, Musée du Louvre

Les Huîtres

▲ **Giuseppe Recco (1634-1695)**
Poissons et fruits de mer
Huile sur toile, 94 cm x 119,5 cm
Nancy, Musée des Beaux-Arts

Le Lapin

▲ **Tiziano Vecellio** dit **Titien (1488-1576)**
La Vierge et l'Enfant avec Sainte-Catherine dite *La Vierge au lapin*
Huile sur toile, 71 cm x 87 cm
Paris, Musée du Louvre

La Libellule

▲ **Osias Beert (1570-1624)**
Corbeille de fleurs
Huile sur toile, 53 cm x 75 cm
Paris, Musée du Louvre

Le Loup

▲ **Richard Fleury-François (1777-1852)**
Le petit chaperon rouge
Huile sur toile, 35 cm x 47 cm
Paris, Musée du Louvre

Le Martin-pêcheur

▲ **Frans Snyders (1579-1657)**
Oiseaux sur des branches
Huile sur toile, 122 cm x 176 cm
Paris, Musée du Louvre

La Mouche

▲ **Georg Flegel (1566-1636)**
Nature morte au flacon de vin et aux poissons
Huile sur bois, 19 cm x 15 cm
Paris, Musée du Louvre

La Mule

▲ **Beccafumi Domenico (vers 1486-1551)**
Saint Antoine et le miracle de la mule
Huile sur bois, 32 cm x 51 cm
Paris, Musée du Louvre

L' Oiseau

▲ **Fernand Léger (1881-1955)**
Les oiseaux sur fond jaune
Huile sur toile, 130 cm x 89 cm
Biot, Musée Fernand Léger

Le Papillon

▲ **Antonio Pucci** dit **Pisanello (1395-1455)**
Portrait de Ginevra d'Este dit aussi *Portrait de Marguerite de Gonzague*
Huile sur bois, 43 cm x 30 cm
Paris, Musée du Louvre

Les Perroquets

▲ **Paul de Vos (vers 1590-1678)**
L'entrée des animaux dans l'Arche de Noé
Huile sur toile, 230 cm x 360 cm
Paris, Musée du Louvre

Le Poisson

▲ **Abraham Van Beyeren (1620-1690)**
Nature morte à la carpe
Huile sur toile, 73 cm x 61 cm
Paris, Musée du Louvre

Les Poussins

▲ **Melchior de Hondecoeter (1636-1695)**
Aigle attaquant des poules
Huile sur toile, 207 cm x 252 cm
Paris, Musée du Louvre

Le Renard

▲ **Pieter Boel (1622-1674)**
Etude de renard
Huile sur toile, 53 cm x 65 cm
Paris, Musée du Louvre

Le Serpent

▲ **Otto Marseus van Schrieck (1619/20-1678)**
Serpents et papillons
Huile sur toile, 70 cm x 55 cm
Paris, Musée du Louvre

Le Singe

▲ **Jean-Siméon Chardin (1699-1779)**
Le singe peintre
Huile sur toile, 73 cm x 59 cm
Paris, Musée du Louvre

Le Soldat

▲ **Ambrosius-Bosschaert le vieux (1573-1621)**
Bouquet de fleurs dans une arcade
Huile sur cuivre, 23 cm x 17 cm
Paris, Musée du Louvre

La Souris

▲ **Jan Van Os (1744-1808)**
Fleurs et Fruits
Huile sur toile, 68,3 cm x 51,6 cm
Orléans, Musée des Beaux-Arts

La Tortue

▲ **Pieter Claesz (1597-1661)**
Nature morte aux instruments de musique
Huile sur toile, 69 cm x 122 cm
Paris, Musée du Louvre

Crédits photographiques

Lille, Musée des Beaux Arts : *p. 11*
Lyon , Musée des Beaux Arts : *p. 7*
Nancy, Musée des Beaux Arts : *p. 29, 43*
Orléans, Musée des Beaux Arts : *p. 19, 75*

Paris, Réunion des musées nationaux
(D. Arnaudet, M. Bellot, G. Blot, D. Chenot, C. Jean,
R.G. Ojeda, J. Schormans) :
p. 13 à 17, 21 à 27, 31 à 41, 45 à 73, 77

Rouen, Musée des Beaux Arts : *p. 9*

Publication
du département de l'édition dirigé
par Catherine Marquet

Coordination éditoriale
Josette Grandazzi

Fabrication Isabelle Floc'h

Documentation photographique
Philippe Couton

Conception graphique et maquette
Joëlle Leblond

Les textes ont été composés en Baskerville

Les illustrations ont été gravées
par P. R. Services Graphiques, Paris

Cet ouvrage a été achevé d'imprimer
en août 2005
sur les presses de l'imprimerie Jacques London,
Paris

Le façonnage a été réalisé par l'imprimerie Floch,
Mayenne

1ère édition (reliée) : juillet 1997
Dépôt légal : août 2005
ISBN : 2 - 7118 - 5018 - 8
JA 10 5018